AF324900

ABUS

DANS L'EXERCICE

DE LA

JURISDICTION

CONSULAIRE.

Par M. J......

A PARIS,

De l'Imprimerie de la Société Typographique,
Collége des Cholets, près celle S. Jacques.

1790.

A B U S

DANS L'EXERCICE

DE LA

JURISDICTION CONSULAIRE.

Par M. J. . . . . . .

INTRODUCTION.

IL m'est tombé dans les mains un ouvrage, présenté à M. Barentin, qu'il n'a pas voulu prendre la peine de lire, et dont l'utilité me semble mériter le regard du corps législatif. Les abus que l'auteur denonçoit, ont reçu sous ma plume des modifications, et j'ai révoqué en doute plusieurs de ses assertions, parce que j'ai craint que la calomnie y eût part.

La jurisdiction consulaire passa toujours pour intacte. C'est le tribunal citoyen qui a excité le moins de réclamation; mais a-t-il résisté à la contagion de l'exemple? Les juges, et sur-tout les

A

agens de la justice, sont-ils à l'abri de reproches? La promptitude et le désintéressement donnent-ils à ce tribunal complétement ce caractere distinctif des cours supérieures; ou plutôt, n'en sommes-nous les partisans que parce que nous comparons la procédure de cette jurisdiction à tant d'autres plus vexatoires? On doit cependant convenir que ce tribunal est doué de grands avantages: l'instruction par écrit en est bannie; le talent de la parole y est moins perfide; la justice y est moins lente, moins dispendieuse; les subtilités de la chicane s'y exercent moins; les causes s'y plaident avec une simplicité et une clarté qui mettent les juges en état de distinguer plus facilement la vérité, et de prononcer plus équitablement. On y abrége la discussion par les arbitrages, ce qui rendra toujours cette jurisdiction précieuse, et lui conservera l'opinion publique. Il n'en est pas moins vrai qu'elle a eu le sort de toutes les institutions humaines. Des abus s'y sont multipliés avec d'autant plus de facilité qu'ils alimentent les ministres et les agens de la justice; et si les réclamations ont eu moins d'éclat, c'est que ces abus pesent moins sur la fortune de chaque particulier que dans les tribunaux d'appel; c'est que les justiciables n'ont ni le temps, ni les connoissances nécessaires pour en solliciter la réforme.

J'ai cru que dans un temps où la nation se régénere, où le corps législatif va détruire les tribunaux et en créer d'autres, ma qualité de citoyen m'imposoit la loi d'indiquer les abus dans une jurisdiction essentielle au commerce, où il importe plus de corriger que de détruire.

Quand on aura établi des juges de paix, le consulat ne sera plus occupé à ces causes minutieuses qui emploient le quart de son temps; qui se terminent par un serment illusoire et abusif, et où la discussion du bas peuple est presque toujours indécente. Quand on aura fait gagner aux audiences deux heures le matin et une heure de l'après-midi ; c'est-à-dire, le quart du jour; quand sur quatre-vingt mille causes, qui s'appellent année commune, un réglement sévere en aura supprimé les trois quarts, que les agréés font remettre sans utilité pour les par-

ties, et le plus souvent à leur préjudice.
Quand les juges ne signeront que les
jugemens des procès dont ils auront en-
tendus la discussion, je mets en fait que
le nombre des affaires jugées en ce siége
ne sera pas de vingt mille : j'approche-
rois peut-être plus de la vérité si je di-
sois dix mille après la création des juges
de paix.

Quand on aura nommé un président
à vie et un officier taxateur ; qu'on aura
assujéti les agréés à fournir des états de
frais, détaillés et en caracteres lisibles,
à leurs cliens ; qu'on aura fait apposer
dans la salle d'audience des tableaux de
réglement et d'instruction ; qu'on aura
réprimé l'avidité des greffiers, et supprimé les moyens qui font naître des
soupçons d'intérêt et d'intelligence entr'eux, les juges et les agréés ; c'est alors,
que le commerçant consumera moitié
moins de temps à plaider, et qu'il dépen-
sera les deux tiers de moins ; c'est alors,
que la jurisdiction consulaire récupé-
rera le sentiment de la vénération publique, dont elle est susceptible, et
que les abus existans obscurcissent.

Création des Juge-Consuls.

L'ÉTABLISSEMENT de ce tribunal date du mois de novembre 1563. Les ordonnances interprétatives de ses dispositions sont l'ordonnance civile de 1667, au titre 16, et celle communément appelée le code marchand, qui est l'ordonnance de 1673, au titre 12. Voilà la base du corps de la jurisprudence consulaire. Il est donc indispensable pour ceux qui administrent cette justice, ou qui défendent les droits des justiciables, d'être parfaitement instruits de ces deux ordonnances. C'est un rudiment qui devroit entrer dans l'éducation des jeunes gens qui se destinent au commerce; et il n'est aucun commerçant qui ne dût les avoir dans sa bibliotheque.

Administration de la Justice.

SUIVANT l'esprit d'institution, la procédure aux consuls devroit être simple, les formes tortueuses, les jugemens et les frais inutiles devroient en être bannis. Les causes devroient être plaidées sommairement; l'instruction abrégée et en quelque façon désintéressée; les parties, pour l'ordinaire, devroient être admises pour plaider leur cause en personnes. Il est rare, au contraire, qu'une partie plaide sa cause, par rapport aux préliminaires auxquels elle est assujétie, et qu'elle ignore. Les causes se prolongent ainsi abusivement en accumulant des frais.

Comme les jurisdictions consulaires des provinces sont à l'instar de celle de Paris, qui leur a servi de modele, je ne porterai le flambeau que sur ce dernier tribunal. J'exposerai d'abord les vices de son organisation.

Juge-Consuls.

Un de ses vices consiste en ce qu'il n'est pas composé de juges qui connoissent toutes les matieres soumises à leurs jugemens; en ce que la plupart des juges sont formés de marchands qui n'ont fait que le commerce en détail; c'est-à-dire, qui n'ont vendu qu'à l'aune et à la pinte, ou qui ne sont que des artisans enrichis; en ce qu'il est rare qu'on voie sur le siége des négocians exercés dans la banque et les finances; enfin, parce que l'éducation de beaucoup de ces juges ne leur a point cultivé l'esprit, ni enseigné les principes et la marche de toutes les branches du commerce.

Il suffisoit, à l'époque du regne de Charles IX, de composer cette jurisdiction comme nous la voyons, parce que le commerce alors étoit au berceau de l'enfance. Louis XIV, par ses deux ordonnances, corrigea des

abus ; il établit des regles sages pour l'exercice du commerce et la procédure du tribunal mercantil ; mais le commerce en tout
genre ayant étendu ses limites ; les lumieres s'étant accrues, l'esprit d'intérêt personnel ayant fait taire l'esprit public dans
toutes les conditions , c'est un mal dont la
gangrene a gagné tous les états, même les
tribunaux de justice. On est devenu plus
subtil par l'expérience , et les loix n'ayant
pu prévoir jusqu'où iroit la malice et la cupidité , ces loix se trouvent dans l'état d'in-
suffisance.

Je voudrois que la jurisdiction consulaire,
au lieu d'un juge et de quatre consuls à
Paris , fût composée de six consuls et d'un
président gradué ; que le président fût à
vie ; qu'il fût choisi dans le corps des avo-
cats consultans ; que des six consuls, il y en
eût cinq tirés des principaux corps de commerce, et un de la banque , tous à la nomi-
nation de la commune de Paris.

Si je desire sept juges au lieu de cinq, qui
forment l'organisation actuelle , c'est que le
service en sera moins fatiguant , et qu'il se
fera avec plus d'exactitude. Peut-on exiger
d'eux qu'ils abandonnent totalement leurs
affaires pour se livrer uniquement au service du public ?

Qu'arrive-t-il d'une surcharge d'exercice ?
Les juges n'examinent que les causes si sim-
ples que deux mots suffisent pour les éclairer ; ils renvoient les autres qui sont plus

importantes par-devant un arbitre, dont ils ne sont pas sûrs comme d'eux-mêmes; ils viennent plus tard, ou ne se rendent pas assidus aux audiences. Il en doit résulter que la discussion de plusieurs causes se renvoit à une audience suivante, ou quelle se prolonge à des heures indues, destinées pour le sommeil.

Si j'opine pour choisir dans la banque le septieme consul, c'est parce que la banque, le change et la finance sont du ressort de la jurisdiction consulaire ; que cette branche, étant devenue la plus importante et la plus compliquée, il est indispensable d'ajouter au nombre des juge-consuls, à chaque élection, un banquier; ce seroit même mieux de tirer des sept corps quatre consuls, d'en tirer un de la banque, et un autre du commerce en grand qui ne s'occupe que d'intérêts importans.

Tout le monde sait que les opérations de banque, d'exportation, d'importation, d'entreprises en compagnie et dans la haute finance sont hors de la portée et des lumieres des sept corps du commerce de Paris. Comment juger avec connoissance des contestations sur matieres dont on n'a qu'une notion très-bornée ; sur des matieres qui exigent un exercice de la chose, et une sagacité en quelque façon étrangere aux occupations du commerce des sept corps ? Les fâcheux inconvéniens qui doivent en résulter, sont une infinité de mal-jugés auquels on espere de remédier par des appels qui entraînent les cliens dans des procédures longues et ruineuses à une cour supérieure dont les juges ne connoissent pas mieux la matiere, et où le temps, toujours précieux au commerçant est la moindre perte, où enfin il est la victime de l'ignorance et de l'intrigue le plus ordinairement.

A la vérité, les juge-consuls renvoient à la chambre du conseil les contestations pour cas importans et les questions épinieuses. On les y discute avec plus de tranquillité ; mais ce sont toujours des hommes non-instruits sur les comptes de finance et de banque qui jugent, et quelquefois sans les avoir bien entendues. Quand des juges ont employé toutes leurs facultés intellectuelles pour rendre justice à qui il appartient, leur en doit-on demander davantage ?

Les fonctions de juge-consuls ne durent qu'un an. Comment veut-on qu'en un si court espace de temps, des marchands qui n'avoient aucune idée de ces fonctions, acquierent une connoissance assez profonde des loix du commerce, pour ne point en blesser les dispositions dans leurs jugemens ? Comment veut-on qu'ils puissent connoître et réformer les abus, si leurs fonctions cessent, lorsqu'à peine ils commencent à se faire une idée claire des affaires contentieuses ? Comment veut-on qu'ils acquierent cet art si difficile de découvrir la vérité à travers les nuages dont la mauvaise foi cherche sans cesse à l'envelopper? Qu'on ne s'y trompe pas, cet art n'est l'appanage que de la sagacité la plus exercée.

Cet inconvénient disparoîtroit, s'il existoit dans la jurisdiction quelques officiers permanens, ou tout au moins un président à vie. C'est même bien peu que de conserver en exercice le seul chef du siége.

Lorsque la révolution d'une année a amené un changement total dans les juge et consuls, il ne s'en trouve plus dans le tribunal qui ait la moindre connoissance des affaires qui y sont pendantes, et comme tout s'instruit verbalement, comme il ne reste pour tout vestige de procédure que des sentences non-motivées, dans lesquelles les moyens des parties ne sont pas, ou sont annoncés avec inexactitude, il faut recommencer l'instruction par - devant les nouveaux juges; souvent ceux-ci ont une maniere de voir différente; il intervient des jugemens qui croisent, qui contrarient les premiers, de - là naît une confusion, une contrariété opposée diamétralement aux principes de l'ordre et du bien public.

Le président doit donc exercer toute sa vie, et il doit être homme de loi, parce que c'est lui qui dirigera et redressera les formes judiciaires, qui veillera à ce que le siége n'empiéte pas sur les attributions des autres tribunaux, qui, familier à la loi, saura le mieux en faire l'application ; qui rédigera et prononcera les jugemens, parce qu'il est plus exercé à la chose ; qui maintiendra la discipline dans les ministres de la justice , qui empêchera les vexations faites au public, parce qu'il connoît mieux les formes judiciaires et les détours de la chicane. Si la jurisdiction a des procès à soutenir, ou si elle va en députation, il lui est utile d'avoir un homme de loi attaché à son corps, un magistrat qui représente, qui lui serve de conseil et d'organe de ses sentimens.

Il est toute autre chose d'être marchand en son comptoir, ou de siéger dans un tribunal, où l'on prononce sur trois ou quatre cens causes tous les jours. Les objets mercantils et habituels n'exigent le plus souvent que de la routine ; mais la fonction de juge exige une connoissance approfondie des loix et une sagacité consommée pour découvrir la mauvaise foi d'un plaideur et les ruses de l'agréé qui le défend. Ce n'est pas trop dire, que d'avancer qu'il faut à un boutiquier ou à un marchand des sept corps deux ans d'exercice pour acquérir l'expérience qui lui est nécessaire pour bien juger. Les consuls emploieront la première année à s'instruire , et le public ne commencera de profiter de leurs lumieres que la seconde année. Mon avis seroit même que les juge-consuls exercent pendant trois ans.

Les audiences se tiennent de deux jours l'un dans la salle publique de la jurisdiction. Elles se divisent en deux parties ; savoir, le matin pour la campagne, et le soir pour la ville ; mais un abus qui se pratique,

c'est que les juges ne montent sur le siége
que de dix à onze heures le matin , et de
quatre à cinq le soir. A mon avis , l'audience
du matin en été devroit ouvrir à huit heures , et en hiver à neuf. L'audience de
l'après - midi devroit ouvrir à trois heures
ou à quatre au plus tard. Par ce moyen
l'exercice de la jurisdiction gagnera trois
heures par jour, et les causes ne s'accumu-
leront plus. Elles se jugeront le même jour
sans remise et le tribunal fera cesser les
plaintes du public, qui croit qu'il reste à
juger une grande partie des causes dont les
agréés abandonnent le jugement à la discrétion de leurs clercs.

Si les procès aux consuls éprouvent des
longueurs et des vexations, elles sont dues
à la multiplicité d'autres abus que je vais
passer en revue.

L'édit du mois de mars 1710 a créé l'office
de greffier et celui de premier huissier audiencier ; mais au profit du roi et par suite
de temps , la jurisdiction s'en est fait un
revenu. Elle afferme les greffes 20,000 liv.
chacun , dont elle dispose annuellement
pour des dépenses qu'on prétend abusives.
Elle a des revenus en loyers et autrement.
Un voile mystérieux dérobe aux yeux du
public cet emploi; cependant l'administra-
tion doit rendre la justice gratuitement, et
la législation doit déchirer ce voile. Le seul
article d'office d'huissier-audiencier est d'un
produit dont on ne se douteroit pas. Les
iuge et consuls en ont supprimé l'office , le

greffier comprend dans la taxe de ses frais ce droit; et bien des gens, qui se disent instruits, croient que le greffier en est comptable aux juges. Ils pensent même que la cupidité a rendu arbitraire la taxe de cet article. Quoi qu'il en soit, la jurisdiction a placé un aboyeur sans titre qui fait les fonctions de premier huissier audiencier, qui appelle les causes et se fait payer par les plaideurs un salaire à fur à mesure, ce qui fait double emploi.

A propos des audiences publiques, je serois d'avis qu'il y eût audience à la chambre du conseil tous les jours intermédiaires, soir et matin, que le président ne pût se dispenser d'y assister réguliérement, et quatre consuls au moins du nombre des six ; que l'un des quatre fût indispensablement celui tiré de la banque ou de la finance; qu'on y appella aussi deux ou quatre anciens consuls hors de charge et suivant les circonstances. Ce nouvel ordre des choses obvieroit à l'inconvénient de tenir au même temps audience publique et audience particuliere. La tranquillité dont on jouiroit dans ces jours intermédiaires ne contribueroit pas peu à une discussion éclairée et susceptible de toutes les mesures qui peuvent conduire à un jugement équitable.

D'une formalité, à laquelle on fait peu d'attention, il résulte un abus qui pese sur le débiteur. Sans utilité, le premier jugement porte que le créancier fournira caution, et cette énonciation, suivant les circonstances , assujétit, dit - on , lorsque le capital passe 1000 livres, à 6 ou 7 livres de frais. Ce jugement préparatoire et le cautionnement sont l'un et l'autre illusoires, ce n'est que pour la forme ; car celui qui est reçu pour caution est un homme de paille avoué par les juges, c'est en quelque façon un simulacre qui sert de caution bannale à tous les agréés; enfin , c'est l'homme qui fait le service de premier huissier audiencier. On prétend que ce fait singulier est certain. Comme c'est une formalité qui n'a d'autre objet que de multiplier les frais à la charge du public, elle est dans le cas de la réforme.

Il ne faut pas confondre la condition que les juges imposent à un débiteur, de donner caution quand il a requis délai et qu'il l'a obtenu; car, dans ce cas , il est de droit que la sentence lui impose cette condition et qu'elle soit exécutée.

Peut-être on me répondra qu'un jugement par défaut étant susceptible de donner une action, même par corps, sur un défaillant qui ne doit pas, c'est une précaution sage de faire donner une garantie par le demandeur. Cette objection est captieuse; mais si la précaution est bien vue , pourquoi cet huissier - audiencier fictif est - il la caution bannale de tous ces jugemens, pour tous les demandeurs et à la présentation de tous les agréés, à chacune des audiences et au même-temps ? Si l'on n'a pas en vue une caution dérisoire , elle devroit donc être solvable pour tous les engagemens auxquels les sentences l'assujétisent.

Il est encore d'autres abus qu'on reproche, peut-être avec fondement, aux administrateurs de la justice consulaire : les uns par tolérance, d'autres par négligence, et quelques-uns qui, s'ils étoient vrais, compromettroient leur délicatesse. Ils trouveront leur place dans l'énumération des abus dont on accuse les agens ou ministres de la justice. Mon mémoire n'est point une dénonciation d'abus vérifiés et avérés, j'en préviens, il n'est que l'indicateur des abus vraisemblables contre lesquels j'ai entendu mille fois les plaintes des commerçans, obligés de recourir au tribunal commercial.

Greffiers.

Nous avons dit que cet office étoit affermé au profit des juge-consuls, et que, dans le principe, il devroit l'être au profit du roi. Peut-être est-ce une aliénation que le roi a faite en faveur de la jurisdiction : c'est un fait dont il est facile de s'assurer ; mais, dans ce dernier cas, seroit-il déplacé d'exiger qu'elle rendît compte chaque année de l'emploi de ses revenus ?

J'ajouterai que la ferme du greffe se donne par faveur, et que c'est plutôt une commission donnée par les juges-consuls. Elle est si lucrative que la succession du sieur Boutard, qui n'a exercé que pendant dix ans, a monté au-delà de 400,000 livres. Il ne faut

pas s'en étonner, s'il est vrai que les greffiers se font payer le double, et quelquefois
le triple du droit qui leur revient ; s'il est
vrai qu'ils sont juges et parties dans la taxation de leurs frais ; s'il est vrai qu'ils sont
à l'abri de la révision des administrateurs
de la justice par l'ascendant qu'ils ont pris
sur eux; s'il est vrai que le défaut de capa-
cité fait recourir sans cesse aux lumieres
de ces officieres subalternes qui ont blan-
chi dans leurs fonctions ; s'il est vrai que
la comptabilité du greffier, qui a l'arbitraire
pour lui, met les juges dans sa dépendance.
Supposons que les juges fissent mine de s'op-
poser au monopole d'un greffier, ne leur
opposeroit-il pas avec succès que le prix de
sa ferme s'est proportionné sur le produit
habituel et vexatoire de son greffe, et qu'en
réduisant sa récette, il aura moins à leur
compter ? Un barbier rase l'autre, et l'intérêt de la justice tient difficilement, quand
il a l'intérêt personnel à combattre.

Ce n'est pas le seul abus qu'on reproche
aux greffiers. Ce sont eux qui taxent les
frais des agréés, quand ceux-ci ne se taxent
pas eux-mêmes, ou qu'on fait des réclamations. On croit que le greffier s'accorde
avec les procureurs, pour que ceux-ci multiplient les jugemens et nécessitent les expéditions. On prétend que chaque jugement
préparatoire coûte aux parties 13 jusqu'à
15 livres, et que l'on a vu souvent jusqu'à
vingt jugemens rendus dans des affaires non-
cómpliquées

compliquées avant d'arriver à une sentence définitive. Ce rapport me paroît exagéré ; mais à telle dépense que chacun de ces jugemens monte en faveur du greffier, son bénéfice n'est-il pas révoltant dans cette hypothese, où, année commune, on appelle quatre-vingt mille causes au consulat ?

On remédieroit à ces abus crians, si la législation obligeoit les greffiers : 1º. à retrancher les mots inutiles qu'ils emploient dans la rédaction des sentences ; 2º. à employer dans leurs expéditions des caracteres d'écriture dans la forme des expéditions d'actes de notaires ; 3º. à ce que leurs sentences fussent soumises à la taxe du président, ou d'un taxateur integre.

Les fonctions d'un taxateur seroient pénibles ; car il ne s'agiroit pas moins que de faire la lecture et la taxe de trois ou quatre cens expéditions par jour, non compris celles des procès-verbaux et autres actes à l'infini. Le président ne pourroit vaquer à cette opération et exercer en même-temps les fonctions de sa charge. Il seroit donc prudent de créer un office ou commission de taxateur ; de le choisir incorruptible et assidu. Ce taxateur seroit tenu de certifier l'exactitude des expéditions du greffe, souvent fautives, peut-être quelquefois infideles ; car la besogne des greffiers est immense, s'ils veulent s'en bien acquitter, et il est d'une impossibilité physique qu'ils aient le temps de collationner leurs expédi-

B

tions nombreuses, et de vaquer à leurs autres obligations. C'est peut-être ce qui engage à croire qu'ils se déchargent de ce soin réservé aux clercs des agréés qui dviennent juges arbitres entre leurs maîtres et les cliens pour la quotité des frais.

Un abus, par négligence du greffier, est le non-enregistrement sur un tableau exposé au public des séparations de biens, des cessions, des interdictions. Celles que l'on enregistre sont inscrites deux et trois mois, quelquefois six, après leurs dates. La publicité de ces événemens intéresse essentiellement le commerce. Elles devroient être imprimées en caracteres d'impression. Dans l'ignorance où l'on est du désordre des affaires d'un commerçant, on se plonge dans le crédit, on se livre à une perte certaine, et la loi, qui devoit veiller pour le créditeur, devient sans effet.

Classerai-je dans les abus la soustraction du tableau, qui expose aux yeux du public le tarif des frais? La cupidité des agréés fait par intervalle jeter les hauts cris par les cliens. Le siége, à la vérité, ordonne que le greffier mette en évidence ce tarif; mais l'avidité des agréés ne permet pas aux araignées, ni à la poussiere de s'y établir; et ce tableau une fois enlevé, le greffier n'en remet plus. Les réglemens ont beau être admirables si on les élude. L'édit de 1710, dont les dispositions ont passé en désuétude, veut que les droits de la jurisdiction consulaire soient arrêtés en un tarif, dont le tableau exposé au public instruira les justiciables, afin qu'il n'en soit à l'avenir exigé aucuns au-delà de ceux qui seront légitimement dus.

Dirai-je qu'il se commet d'autres abus dans la conduite des clercs-greffiers. Un débiteur, condamné par corps, et qui veut soustraire son actif mobiliaire et sa personne de la main de la justice, compose avec un clerc; le créancier, qui connoît le péril de sa créance, sollicite l'expédition de la sentence, et sous différens prétextes il éprouve des renvois, quoiqu'il offre de payer la prompte expédition. Le clerc avertit de la délivrance le débiteur condamné. J'en connois qui, pour gagner un écu de 3 livres, vont à leurs domiciles prévenir les condamnés. Il reçoit de l'un une rétribution pour l'expédition prompte, et de l'autre la récompense de son infidélité. D'un sac il reçoit deux moutures, et par cette manœuvre il est cause de l'évasion criminelle du débiteur, même souvent de la ruine du créancier. Le réglement du 3 juillet 1617 cependant défend aux clercs de greffiers de faire aucun avertissement semblable. Cette malversation se prouve difficilement, et quand on s'en plaint, le déni sauve le coupable.

Passerai-je sous silence les baisse-mains qu'on débourse journellement pour les promptes expéditions. L'impatience, le de-

sir de vengeance, ou le péril d'une créance
déterminent à des sacrifices, et les commis,
habitués à ces aubaines, ne manquent jamais de motifs pour retarder la délivrance
de ces expéditions. On ne se doute pas à
combien monte cette concussion, vu l'immense quantité de sentences qu'on expé-
die, et dont plus de la moitié subit le tribut au moins de 24 sols pour la prompte
expédition. Si le demandeur veut se soustraire du tribut, il attendra que la quinzaine
s'expire pour avoir son expédition. Le re-
mede à cet abus seroit que dans les qua-
rante-huit heures, à compter du jour du
prononcé, les fêtes non comprises, les
greffiers fussent tenus d'avoir l'expédition
prête pour la partie qui l'auroit commandée.

Il y a eu des insurrections contre ces
abus, mais ce ne sont que des feux de
pailles éphémeres. Un réglement fait par
les officiers du siége, le 3 juillet 1617,
oblige le greffier à délivrer aux parties les
sentences par défaut, au plus tard vingt-
quatre heures après qu'elles leur seront
commandées ; et pour celles contradictoires,
dans trois jours au plus tard. Le client se
croiroit heureux, s'il ne lui en coutoit que
trois livres pour le prix de la promptitude
d'expédition, c'est-à-dire vingt-quatre heures après l'avoir commandée. Le desir se
rançonne, plus on est pressé, plus il en
coûte.

On a vu des juges annoncer l'intention louable de réformer les abus. Ils ont été bientôt arrêtés par une fermentation qui se communiquoit aux agréés, aux huissiers audienciers, et à tous les ministres de la justice. Car la conservation des abus intéresse les audienciers, parce que les défauts et les remises multiplient les réassignés, dont ils sont chargés exclusivement; elle intéresse les agréés, parce que les présentations et les plaidoyers, quoiqu'ils ne se font pas, étant censés faits à chaque défaut et remise de causes, la quotité des frais n'a plus de limites. L'huissier audiencier, l'agréé et le fermier du greffe ont acheté cherement le droit exclusif d'exercer leurs fonctions, à raison des profits immenses et des vexations impunies de leurs vendeurs ou prédécesseurs. La prescription des abus milite pour eux. Les juges ne veulent pas se faire autant d'ennemis qu'il y a d'individus employés au service de la justice, et il ne seroit pas facile d'avoir l'opinion unanime des officiers du siége, pour la réforme des abus. D'ailleurs cette réforme ne seroit que momentanée, et le premier renouvellement d'officiers verroit renaître les abus.

Si le greffier ne se fait pas un scrupule d'excéder le tarif, fixé par la déclaration du roi du mois de juin 1715; si les officiers tolerent des abus par amour pour la paix, par l'intérêt pécuniaire qui leur revient, ou plutôt par la difficulté de les réformer, à qui donc le public s'en rapportera-t-il?

Continuera-t-on de se livrer à la discrétion de ces copistes mercenaires, difficiles à surveiller, tant ils sont nombreux, par la multiplicité de ces jugemens inutiles à expédier? Sera-ce à des commis qui n'ont aucune qualité légale, qui n'ont prêté aucun serment en justice, à des gens qu'aucun frein ne pourroit retenir, s'ils vouloient prévariquer? N'étant pas propriétaires d'offices, ils n'ont pas la confiscation à craindre, ils se regardent à l'abri d'interdiction ou destitution, l'intérêt respectif forme union entre eux et leur chef, et on déchirera difficilement le voile qui cache les abus aux yeux de ceux qui pourroient les réformer.

Je finirai par le commis-greffier, chargé de recevoir d'un failli le dépôt de son bilan et de ses livres, chargé de la recette des droits auxquels sont assujetties les parties qui se présentent pour plaider eux-même leurs causes. Ne croyez pas qu'il mette de la surveillance à empêcher des altérations, des changemens sur les articles de ces registres, s'il plaît au failli d'en demander la communication sans déplacer, et de les altérer pour arranger une faillite frauduleuse. Ne croyez pas qu'il se rendra difficile à communiquer au premier venu ces mêmes livres, et qu'il demandera l'exhibition d'un titre de créance. Vous saurez, quand vous voudrez, et en alléguant le plus léger prétexte, ce que votre débiteur, créancier par le bilan, perd dans la faillite, et quel degré de confiance il mérite de vous. Ne croyez pas qu'à toute heures des audiences vous aurez la facilité de lui payer le droit de vous défendre sans ministere de procureurs, et que vous n'éprouverez pas des rebuffades, etc.

Agréés.

DE tout temps on a regardé comme avantageux au commerce que, dans les affaires contentieuses, les parties puissent elles-mêmes défendre leur cause, ou se défendre par des parens ou des amis fondés de procuration spéciale. Il s'en faut que ces dispositions soient observées dans la juridiction consulaire. Les juges-consuls y ont établi des agréés que la faveur et l'intrigue font nommer aussi souvent que le mérite. Ces agréés jouissent pour ainsi dire exclusivement du droit d'y porter la parole, de sorte qu'une partie qui s'y présenteroit sans être accompagné d'un agréé, éprouveroit des contrariétés, de la défaveur, et seroit obligé de recourir au ministere d'un procureur.

Il y a plus, les juges-consuls admettent tous les jours ces agréés à plaider, sans qu'ils soient munis de procuration spéciale. Ils se contentent de la représentation que fait l'agréé de l'exploit d'assignation donné au client, et le plus souvent on n'en représente pas. Delà sont résultés, et résultent encore tous les jours, des abus de la plus dangereuse conséquence. On assure la vérité de l'abus suivant.

Un particulier, par exemple, veut-il surprendre la condamnation de quelqu'un qui ne lui doit rien, il assigne l'homme qu'il veut tromper; mais au lieu de lui signifier l'exploit, il le fait remettre par un tiers à un agréé, au nom de la partie assignée soi-disant, et ne donne d'autre instruction que de requérir délai. Ce tiers donne à l'agréé vingt-quatre sols avec l'exploit, et se retire. Muni de cette copie d'exploit, l'agréé se présente quand on appelle la cause, requiert le délai auquel le demandeur ne manque pas de consentir. Le prétendu assigné se trouve condamné, même par corps, sans qu'il sache seulement qu'il existe une demande à sa charge. A l'échéance des délais, on lui souffle la signification de la sentence, et les gardes du commerce se saisissent de l'honnête citoyen qui n'est informé de rien. L'emprisonnement lui enleve son crédit et sa liberté. Sa détention sera de longue durée, si la condamnation est pour forte somme, ou si d'autres créanciers allarmés l'écrouent. Cette manœuvre criminelle n'est ni difficile ni couteuse. Il n'arrive même que trop souvent que le procureur agréé joue les rôles de demandeur et de défendeur, qu'il ne fait pas appeler la cause, et qu'il fait expédier la sentence contradictoire que le demandeur retire pour la faire mettre en exécution. Le malheureux condamné se voit forcé, pour avoir son élargissement, de consigner le montant de sa condamnation au greffe de la geole, il forme opposition à la délivrance des deniers, il se pourvoit par requête au consulat. L'agréé, qui a requis délai pour lui, est appelé à la confrontation; il déclare reconnoître son client, qui confondu est renvoyé honteusement : celui-ci en interjette appel; et, après l'instruction d'un long procès au parlement, il succombe encore, et sa ruine est consommée. Cependant, gardez-vous d'accuser l'agréé de prévarication, il commence par être incirconspect dans sa marche au consulat; mais je ne défendrai pas son innocence en ce qui résulte de la confrontation. Je ne connois pas d'exemple de punition en pareil cas, tout au moins devroit-on obvier a un abus aussi grave.

Il ne faut pas supprimer les agréés, mais il faut apporter des modifications à leur exercice et contenir leur avidité. Peu de personnes sont capables de défendre leurs propres causes; il en est moins encore qui soient capables dé bien défendre la cause d'autrui, dont ils ne connoissent pas, ne s'étudient pas à connoître, ou ne savent pas saisir les circonstances et les avantages. La bonne foi se verroit donc souvent vic-

time de la ruse et de l'injustice, s'il n'existoit pas des gens au ministere desquels on
pût recourir, lorsqu'on ne trouve ni dans
ses propres lumieres, ni dans celles de ses
parens et amis, les ressources nécessaires
pour diriger ses défenses.

Que le corps législatif admette donc des
agréés; mais que leur salaire soit fixé,
qu'ils soient assujettis à produire la procuration spéciale de la partie qu'ils repré-
sentent; qu'ils soient également assujettis
à fournir à leurs cliens un récépissé des
piéces que ceux-ci leur confient : c'est le
moyen de les rendre plus soigneux à serrer
les titres qu'ils égarent trop souvent, qu'ensuite ils dénient. Qu'ils soient assujettis à
se trouver aux heures fixes; qu'ils soient
blâmés à l'audience par les officiers du
siége, quand il sera notoire, que sciem-
ment ils se sont chargés d'une cause in-
juste; qu'ils soient tenus de faire enregis-
trer, par le greffier, les exploits par ordre
de date et de suite, de faire appeler et de
plaider les causes à tour de rôle; qu'il leur
soit réitéré la défense d'occuper en même
temps pour le demandeur et le défendeur
sous des noms empruntés de confreres;
qu'il leur soit défendu de prolonger les
procès par des remises et des défauts con-
certés entr'eux, dans la vue de multiplier
les frais; qu'il leur soit défendu, par
eux ou leurs clercs, de donner les dispo-
positions d'aucun jugement au greffier,
sans qu'au préalable, la cause n'ait été ap-

pelée à l'audience ; qu'il leur soit également défendu, par eux ou leurs clercs, de remplir, de leur propre mouvement, la taxation des dépens que le clerc - greffier laisse en blanc dans son expédition de sentence ; qu'il leur soit défendu d'employer le même individu pour caution de toutes les condamnations prononcées par s●●en●●●r défaut, parce que cette forme excellente, si on en abuse, entraîne des frais, des longueurs, et qu'il est inoui que jamais cette caution aie été actionnée même après que le demandeur a été convaincu de mauvaise foi. Qu'il leur soit défendu de persiffler les parties qui se présenteront sans leur ministere, ni de les traverser à l'enregistrement du rôle qu'on doit suivre dans l'appel des causes. Que le corps législatif ordonne que, dans la salle publique de l'audience, il soit cloué, en exposition, un tableau permanent qui indique aux parties la marche qu'elles doivent suivre, les droits qu'elles ont à payer, les formes qu'elles ont à remplir avant de porter la parole, lorsqu'elles plaident leurs causes, et ce qu'elles doivent faire après le jugement : qu'à côté de ce tableau il y en ait un autre qui sera le tarif des droits dus légitimement aux agréés et autres gens de la justice ; qu'il leur soit défendu d'exiger au-delà du tarif, et de faire comprendre dans les dépens le coût du plaidoyer en faveur du demandeur, attendu que ce salaire est à la charge de celui qui se dispense d'occuper en sa cause. Qu'il leur soit enjoint de fournir à leurs clients un état de frais détaillé, circonstancié, écrit article par article, en toutes lettres lisibles, et le reçu signé d'eux.

Lordre que j'indique à ce dernier égard arrêtera l'abus journalier dont les huissiers du châtelet et les parties se plaignent. La partie débourse le coût d'un pr⬤⬤ d'⬤⬤e premiere assignation et dénonciation , elle en remet les piéces à l'agréé pour faire valoir ses droits. Celui-ci, quand il fait son état de frais, comprend tacitement, à son profit, le coût des exploits en suivant la taxation prononcée par la sentence. Le client, qui l'ignore, paye : s'il s'en apperçoit, sa reclamation est vaine, elle ne sert qu'à faire retarder la livraison de la sentence. Si la partie a chargé son huissier, qui a avancé ses exploits, quand celui-ci met ès mains de son commettant la sentence, il exige le paiement de ses exploits, ce qui fait naître des contestations et discrédite quelquefois l'huissier, parce que le client ne peut distinguer celui qui le trompe. Les parties veulent - elles terminer, le con-damné ne veut payer les frais que suivant la taxe ; il résiste à payer doublement les exploits. L'agréé (et ils s'accordent tous en pareils cas) refuse explication, élude par des échappatoires, et la concussion reste à la charge et aux dépens de celui en faveur de qui est la condamnation. Inu-tilement auroit-il recours aux juges ou au greffier taxateur ; pour éviter le désagrément des altercations et la perte d'un temps précieux à la suite de son commerce, ou pressé d'exécuter la sentence, il préfere de payer doublement. L'agréé se gardera bien de lui donner un reçu ; le client se retire en maudissant le vexateur et le tribunal qui ne le corrige pas. Cette vexation monte à des sommes immenses, au point que certains agréés peuvent s'en faire un produit de deux cens livres à certaine audience, et au moins deux mille livres par mois. Ils sont dix agréés. Sera-t-on ensuite étonné que le sieur Benoît, agréé, se soit retiré avec un million de fortune, après un exercice de vingt ans. Cependant on ne donne que vingt-quatre sols à un agréé pour porter la parole, et sur cette modique rétribution, il se charge d'acquitter le droit de dix-sept sols.

S'il n'est pas de classe de citoyens qui ne se plaigne de la rapacité des ministres et agens de la jurisprudence, on a dans les autres tribunaux la ressource de pouvoir faire taxer les frais ; mais à la jurisdiction consulaire, les agréés, qui font les mêmes fonctions de procureurs, se font payer arbitrairement ; et je ne crains pas de dire que s'ils étoient mieux surveillés et contenus, les procès dureroient moitié moins de temps, et la dépense des frais seroit moindre en proportion. C'est l'énormité de la dépense et la longueur des procès, qui, comme dans les autres tribunaux, dissuadent les citoyens paisibles de poursuivre au consulat le paiement de ce qui leur est dû. On préfere de perdre son bien à l'incertitude de l'événement de la meilleure cause, et on s'en console par cette considération qu'on gagne le repos et la tranquillité, qu'enfin l'on ne quitte pas le courant de son commerce.

Je répéterai le rapport qu'on m'a fait des clercs des agréés. Une contestation que les parties ont voulu soumettre à une décision judiciaire, se termine par le caprice de jeunes subalternes ignorans, qui, dit-on, abusent souvent du mandat qui leur est confié pour servir les intérêts de l'agréé qui les nourrit et les paie. Heureux, quand les parties en sont quittes pour des frais taxés arbitrairement, et que la condamnation n'est pas prononcée injustement! Cet abus est d'autant plus vraisemblable qu'il soulage les juges et les greffiers qui sont surchargés d'occupations. Il échappera d'autant plus aisément à la réforme qu'il met à l'aise tous ceux employés au service de la jurisprudence, et que les plaideurs ignorent entre les mains de qui le sort de leurs causes est confié.

Qu'on ne croie pas qu'il y ait de l'exagération dans ce récit; car on met en fait que sur six cens causes qui sont portées par jour à la jurisdiction consulaire, il n'en est pas cinquante qui soient discutées, que les juges examinent et décident par eux-mêmes. Y en eût-il cent; combien cet abus n'est-il pas criant ? Peut-être est-ce une calomnie qu'on m'a rapportée ; mais c'est chose qui mérite d'être vérifiée et surveillée.

Il reste encore un abus à énoncer. Un demandeur se rend à l'audience à 4 heures pour assister l'agréé qui s'est chargé de plaider sa cause. D'heure en heure il le prie de la faire appeler ; ou l'agréé s'esquive, ou il lui donne des défaites, ou il fait le sourd. Ce demandeur attendra jusqu'à minuit, qui est l'heure de la clôture de l'audience, sans pouvoir obtenir l'appel de sa cause, quoiqu'il entende vingt fois que les juges appellent l'agréé au barreau, et qu'il y ait beaucoup d'intervalles sans occupation. Pourquoi ce refus ? Il retourne à l'audience suivante, sans que la cause aie été appelée. Le clerc répond qu'elle a été remise. A la troisieme audience, encore point d'appel ; la réponse est qu'il y a défaut. A la quatrieme audience on répond que le réassigné a été rendu trop tard. A la cinquieme, toujours sans appel de cause. Le demandeur enfin apprend que le défendeur est défaillant, ou que la sentence lui accorde de longs délais, et le défendeur n'a pas comparu ni agréé pour lui. Pourquoi cette marche couverte ? c'est que l'agréé a été chargé séparément par les deux parties, qu'il a voulu multiplier les frais, et dérober aux yeux du demandeur sa manœuvre qui s'exécute entre lui et le commis-greffier, sans que les juges en aient connoissance. On doit

considérer cette conduite sous trois aspects ;
le premier, qu'elle fait perdre un temps con-
sidérable aux commerçans ; le second, que
c'est une vexation en frais inutiles ; le troisieme, que l'agréé se rend souverainement
despote des intérêts du demandeur dont il
est le maître de blesser l'équité. Si c'est le
clerc qui dicte les dispositions de la sentence au commis-greffier, l'inconvénient
en est plus dangereux et plus blâmable.

Huissiers – audienciers.

Par édit du mois de décembre 1693, le
roi a créé un office de premier huissier-
audiencier, dont les droits, comme nous
avons dit, se paient aujourd'hui doublement. Maintenant quatre huissiers-audienciers, pourvus par lettres du grand sceau,
sont en exercice, et aucun d'eux n'appelle
les causes à l'audience. Leurs fonctions sont
de faire les ressignés et la police dans la
chambre d'audience. Je me dispenserai de
répéter l'abus du double acquit des droits.
Suivant l'article V de l'ordonnance de
1667, si l'une des parties ne comparoissoit
à la premiere assignation, il devoit être
donné défaut ou congé emportant profit.
Les défauts devoient se rabattre en l'audience suivante, pourvu que le défaillant
sommât par acte celui qui auroit obtenu
le défaut de comparution à l'audience, et
eût offert par le même acte de plaider
sur-le-champ.

En

En 1668, les juge-consuls de Paris représenterent au roi que l'exécution de l'ordonnance de 1667 avoit un effet contraire à l'intention de S. M., et rendoit l'expédition des affaires moins sûre et moins facile. En effet, disoient-ils, les assignations qui se donnoient par-devant eux, étoient de la veille ou du jour que se tenoit l'audience, et souvent les citoyens assignés n'étoient point chez eux alors. Ils étoient, avant de le savoir, jugés, condamnés en vertu d'une sentence par défaut; on les contraignoit en leurs corps et biens; on mettoit garnison dans leurs maisons, etc.... Les juge-consuls proposoient à S. M. d'autoriser le réassigné sur défaut, ajoutant qu'il n'en coûteroit que deux sols pour un défaut. Le consulat de Paris obtint que, sans avoir égard à l'ordonnance de 1667, le réassigné auroit lieu.

Qu'en est-il résulté? Un plus grand abus. On ne comparoît plus à la premiere assignation. Le débiteur sait qu'il n'y aura pas de sentence sur le premier exploit, et que le réassigné lui donne des délais, il en profite. Si le réassigné est suivi de fêtes, le délai peut aller à six jours.

Les délais, comme le remarque l'édit du 24 décembre 1668 sont périlleux pour un créancier, qu'ils ruinent souvent. Dans l'espace de six jours, le débiteur a le temps de préparer sa banqueroute et de la consonsommer pendant les délais de la procédure consulaire; cár l'abus est tel qu'un

agréé bien salarié par un débiteur empêchera que le créancier obtienne contre lui
une sentence définitive avant deux mois, et
cette sentence lui en accordera six autres
de délai pour payer. La bonhommie d'un
juge peut être, en ce cas, fatale à un créancier. Les commerçans de mauvaise foi s'au-
torisent de l'usage où l'on est à la jurisdiction consulaire d'accorder de longs délais.
Ils en sont devenus moins exacts aux
échéances, parce qu'ils n'appréhendent pas
la contrainte par corps ; la suite en est que
le papier de commerce est tombé en discré-
dit, joint aux circonstances, qu'on ne trouve plus à le passer en paiement, ni à le
négocier, et que, s'il en circule, il a subi
un agiotage ruineux à la longue ; les délais qu'on accorde au consulat, sont donc
un abus nuisible à l'avantage et au progrès
du commerce ?

Qu'on se désabuse, si on croit que les
subtilités de la chicane ne se sont pas in-
troduites dans l'exercice de la justice consulaire : elles n'y sont pas aussi nombreuses, et il est plus facile d'en purger le
tribunal que les cours supérieures : en
compensation, elles paralysent le commerce, en amenant les banqueroutes, elles
sont plus dangereuses ; et là, comme ailleurs, le tribunal ne les punit pas.

Un commerçant peu délicat s'aguerrit et
s'habitue aux exploits d'assignations. Après
quinze jours de défaut et de remises, il demande un arbitrage, non pour éclairer sa

cause, mais pour traîner en longueur. Ce moyen lui accorde deux mois de délai, s'il est bien dirigé ; prêt à être condamné, il force les arbitres, par de mauvais procédés, à se démettre ; on en nomme d'autres, c'est encore un mois de délai ; son agréé ensuite s'oppose à l'entérinement du rapport, autre délai : difficilement on parvient à une sentence de condamnation. Alors il demande de nouveaux délais pour payer, qui lui sont octroyés, en donnant caution. Il se laisse assigner à fournir caution, autre délai : il présente sa femme, soi-disant, qu'on ne refuse jamais ; et quand on veut l'exécuter, souvent c'est sa concubine. Heureux ! s'il n'a pas invoqué la dénégation de sa signature ; car une vérification par experts est une dépense au moins de quatre louis. Quand le débiteur a fatigué son créancier ainsi pendant l'espace de 4, 5 et 6 mois, c'est-à-dire, en proportion de sa générosité en faveur de l'agréé, il prévient les exécutions par un arrêt de défenses de la cour supérieure, et voilà le procès accroché à un tribunal de révision, où le créancier se consume en frais et en perte de temps. Enfin, à la veille d'un arrêt définitif, le débiteur déclare sa banqueroute, qu'il a eu le temps de préparer frauduleuse.

Si les délais, qu'accordent les juge-consuls, sont presque toujours des abus, leur facilité sur l'acceptation des cautionnemens n'en est pas un moins important. Ils doivent bien se persuader qu'un citoyen, jaloux de conserver sa fortune et son repos, ne voudra pas l'exposer en faveur d'un marchand inexact, arriéré, chicanier ou de mauvaise foi.

En supposant que le débiteur s'acquitte dans les délais, combien n'y a-t-il pas de frais frustratoires? S'il y a péril en la demeure, il faut 12 ou 24 sols de baisse-main au porteur du réassigné, à défaut de quoi il allegue que ce domicile est opposé à sa tournée, et le réassigné n'auroit d'effet que les audiences de la semaine suivante ; concussion comme celle du commis-greffier, etc. La diligence du créancier se met par-tout à contribution, sans espoir de remboursement, et ces abus réitérés se montent haut. La distraction, que ces soins exigent d'un négociant, si on le considéroit mûrement, lui est encore plus préjudiciable que le coût d'argent.

Pour obvier à l'abus du réassigné, je voudrois qu'on supprime les huissiers-audienciers qui sont en exercice ; qu'il en soit établi par commission seulement deux, dont l'un pour appeler les causes exclusivement aux agréés, qui très-souvent en font l'exercice pour intervertir l'ordre des enregistremens, et changer le tour de rôle pour porter la parole ; autre abus. L'autre huissier-audiencier seroit chargé de la police de la salle d'audience, avec l'appui du suisse de la jurisdiction. En conséquence, les réassignés supprimés par l'ordonnance de 1667 et rétablis en 1668 seroient proscrits.

Pour obvier aux frais et aux infidélités fré-
quentes des huissiers, je voudrois que le
demandeur portât lui-même une cédule à
son débiteur, et qu'en cas d'absence, il la
clouât à la porte d'entrée de son domicile,
en présence de deux voisins, ou après les
avoir interpelés d'être présens. Je voudrois
qu'une sentence par défaut ne fût jamais
exécutoire qu'après avoir, par le demandeur, fourni caution, jouissant d'une pro-
priété immobiliaire, ou la réputation la
mieux accréditée, et enfin que l'exercice
d'huissier à verge au châtelet fût borné
à l'exécution des sentences.

Qui pourroit mieux que MM. les députés
de Paris à l'Assemblée nationale, qui ont
rempli honorablement la place de juge-
consuls ? qui pourroit aussi bien qu'eux
indiquer les abus qui se pratiquent dans
cette jurisdiction, et les moyens de réforme?
Peut-être ceux dont je viens de m'occuper,
sont - ils exagérés, je n'en garantis pas
l'exacte fidélité. Ils m'ont séduit, parce
qu'ils sont vraisemblables, et que je suis
certain de l'existence du plus grand nombre. Le comité d'organisation des tribunaux
rectifiera mes erreurs, si j'en ai commises,
et j'espere que les individus intéressés par
état à maintenir les abus me rendront d'autant plus la justice de n'être point leur ca-
lomniateur, que j'ai évité de dévoiler d'autres abus, dont j'ai soupçonné la vérité, et
que j'ai évité les inculpations personnelles.

Puisse cette réforme d'abus avoir lieu,

les juges de paix s'établir et prendre la consistance qu'ils méritent! Puisse un code nouveau simplifier davantage les formes ; rappeler la jurisdiction consulaire à l'esprit de son institution ; employer de justes moyens pour établir et fixer la promptitude qu'exige le jugement des affaires contentieuses du commerce! Ce sera un grand pas fait pour son encouragement et sa prospérité!

F I N.

www.ingramcontent.com/pod-product-compliance
Lightning Source LLC
LaVergne TN
LVHW010440060726
842527LV00005B/1608